AF312876

ASSOCIATION DES COMPTABLES DIRECTS DU TRÉSOR

la fourniture de tous leurs registres et imprimés

17, Avenue de l'Opéra, Paris (Ier)

1925

Mémento du Percepteur

Dressé par le Comité de l'A. C. T.

et offert gracieusement à tous ses Adhérents

Les numéros des imprimés indiqués sont ceux des modèles du Catalogue des Librairies-Imprimeries réunies (L. MARTINET, Directeur), fournisseur de l'*Association des Comptables directs du Trésor*.

NOTES PERSONNELLES

Chèques postaux

Perception :

Recette des Finances :

Trésorerie Générale :

Téléphone

Préfecture :

Sous-Préfecture :

Trésorerie Générale :

Recette des Finances :

MÉMENTO DU PERCEPTEUR

TOUS LES JOURS :

Adresser la situation de Caisse P 11, à l'exception des dimanches, fêtes, jours fériés, jours de versement et du dernier jour de chaque mois.

P 407. Annexer à chaque titre de recettes une note de renseignements P 407 avant de l'inscrire aux P 51 et P 52.

PIÈCES MENSUELLES à adresser à la Recette :

G 401-402-403-405 et 406. Les 1ᵉʳ et 16 de chaque mois.

G 60. Les 15 et dernier jour du mois.

G 143.
G 50. } Compte d'emploi des bons D. N.

G 45.
G 305. } Avec les bons D. N. remboursés.

Les 5, 10, 15, 20, 25 et dernier jour du mois. — Envoi des titres de rentes déposés pour échange ; joindre les talons de reconnaissance de dépôts, les quittances à souches journalières et un bordereau P 214.

Les 15 et dernier jour du mois. — Faire dépense des titres remis aux parties et envoi des justifications appuyées d'un bordereau P 214.

DERNIER JOUR DU MOIS :

P 101. Situation sommaire (en mars et décembre, le cadre nº 1 est remplacé par le P 526).

P 102. État des versements effectués (dans les arrondissements de sous-préfecture, cet état doit être adressé directement à la Trésorerie générale le 21 ou le 22). — En décembre, l'état devra comprendre les opérations du 21 nov. au 31 déc.

P 282. Les 1ᵉʳ et 16 du mois. — Relevé de quinzaine (jeux).

P 285. Bordereau mensuel comportant versement collectif de contributions patronales relatives aux salariés dont la retraite est déjà liquidée. (Par trimestre seulement dans les petites perceptions.)

P 307. Relevé mensuel des condamnés (pour les villes de 30.000 hab.).

P 321. Fiche individuelle.

P 473. Relevés des bons impayés.

P 477.   »   »

P 480.   »   »

Passer les écritures concernant les frais de poursuites communales.

Porter en dépense les Recettes effectuées et en créditer le compte *Avances*.

Adresser à la Trésorerie générale les états d'allocations d'assistance sur lesquels on devra certifier le *nombre* des mensualités payées.

JANVIER

Adresser à la Recette des finances du 1er au 5 du mois :

Pièces et registres de fin d'année.

P1, P3. Journ. à souche de 1924 et livres récapitulatifs de 1924 et 1925.
P 2 4 Livre des C/ divers 1925, préalablement timbré.
P 472. Relevés des indemnités afférentes aux bons d'assistance : vieillards, familles nombreuses, femmes en couches.
A l'appui de l'état des traitements communaux (mod. 5 de la circulaire du 10 février 1921).
P 516. État annexe à la situation sommaire en double.
P 526. Situation sommaire en simple.

Pour la Cour des Comptes seule.

P 542. État des sommes à recouvrer. Poursuites poste.
P 571. Poursuites poste. Titres de perception.]
P 575. États des mandats d'assistance encaissés : vieillards, familles nombreuses, femmes en couches.

[Pièces trimestrielles ou certificats négatifs P 117.

P 307. Relevé trimestriel des condamnés, en simple. |
P 408. Procès-verbal de récolement des tickets.]
P 416. Décompte des remises syndicales.
P 420. État trimestriel des paiements faits aux héritiers (un par bureau d'enregistrement).
P 422. Relevé des fournitures de boissons, s'il n'est pas négatif. (Indiquer le n° et la nature des titres de régie.)
P 423. État des paiements faits aux voyageurs indigents, à transmettre à la Préfecture. (A produire par les percepteurs des villes, gîtes d'étape et en double expédition.)
P 471.
P 475. } Relevés des frais d'envoi de bons d'assistance, avec les récépissés.
P 478.
P 607.
et 625. } Relevé des actes de poursuites taxés. (A établir par service et par exercice.)
P 653. Relevé des états de frais.
P 683. État des poursuites contre les délinquants forestiers.

G 41. État des remises bons D. N.
G 41 *bis.* État de liquidation des primes selon rendement.
G 41 *ter.* État de liquidation au 31 décembre. (Comptable et personnel.)
G 41A. État de liquidation des remises obligations D. N.
G 41D. État des remises sur obligations décennales. (Circ. 20 déc. 1923.)
G 42. État des souscriptions des banques.

Pièces semestrielles.

P 2 81. État des paiements pour le compte de l'Etablissement des In-
valides, à transmettre à la Préfecture lorsqu'il est exigé.

P 306. Relevé semestriel des surséances, accompagné des extraits
de jugements, des certificats d'indigence P 318, des dé-
mandes de renseignements P 319, et, s'il y a lieu, des bordereaux d'inscription hypothécaire P 303. (Voir le *Nota* en
juillet.) — Le 30 du mois.

Dans le courant du mois :

P 401. Bordereaux détaillés, le 15.

P 235. Les déclarations faites par les propriétaires pour déléguer à
leurs fermiers le paiement de leurs contributions

État des redevances des mines impayées. (Circ. du 18 janvier 1911).

HS 2. Bordereau récapitulatif des avertissements de l'État.

Payer les semestres d'annuités du Crédit Foncier et de la
Caisse des dépôts avant le 10.

Payer à l'Enregistrement, avant le 20, la taxe de 10 %.

Faire recette, au compte des communes et établissements du
1er trimestre des rentes 3 % nominatives. le 1er; 4 % 1918 et,
amortissables, le 16.

Passer les écritures relatives aux 9/10 des traites de coupes
de bois.

P 107 Inscrire dans l'ordre alphabétique les contribuables déclassés
dans le corps des rôles.

P 324. Voir le *Nota* en avril, *in fine.*

P 501. *Inscrire* les opérations au 31 décembre.

HS 12 *A coller* sur les avertissements des forains.

Le 5, États des remises à payer par la Caisse des dépôts
(Circ. du 4 janvier 1921).

Le 5, États de remises sur payements effectués pour : Pupilles
de la Nation; Office départemental des mutilés; Offices agri-
coles départementaux et régionaux (Circ. des 28 mai 1920,
12 juillet 1920, 10 novembre 1920).

Le 25, reversement des bons d'assistance de décembre impayés. — Vieillards et infirmes, familles nombreuses,
femmes en couches.

Le 31, Relevé des paiements effectués pour primes à la natalité
(Circ. du 19 septembre 1922).

ÉCHÉANCES

Le 1er. — 3 % ; Crédit National : 5 % 1919 et 6 % juillet 1922.

Le 16. — 3 % amortissable et 4 % 1918.

FÉVRIER

(Voir : *Pièces mensuelles*, page 5.)

Adresser à la Recette les avertissements concernant l'administration des chemins de fer de l'État et relatifs soit aux patentes supplémentaires (3e émission), soit aux rôles de l'année courante.

Indiquer sur l'état de transmission HS 2 les communes dont les rôles ne sont pas encore publiés, et adresser les avertissements de ces communes concernant les chemins de fer de l'État, dans les 30 jours de la publication des rôles. Procéder de pareille façon et dans le même délai pour tous les autres rôles (chevaux et voitures, mainmorte, etc.).

Rôles. Dès que les rattachements sont terminés, conserver les avertissements des contribuables qui, pour l'ensemble des cotes ne sont pas imposés pour plus de 0 fr. 50; et comprendre d'office ces cotes sur un état spécial de dégrèvement à transmettre au service de l'assiette.

P 106.   État présentant les dates de la remise des avertissements. A envoyer un mois après la réception complète des rôles, la publication de ceux-ci étant faite le 3e dimanche qui suit leur date de réception.

P 111.   Dès l'émission des rôles, adresser les états P 111. (Circ. du 6 décembre 1909, § 3.)

Adresser à la Recette avant le 20 février :

P 317.   État des restes à recouvrer sur amendes, en double, accompagné de toutes les pièces justificatives.

TG 1296c.   Le 5, État récapitulatif des émoluments communaux et hospitaliers (Circ. du 10 février 1921).

P 472.   Relevés récapitulatifs des indemnités afférentes aux bons d'assistance payés.

Le 20, Verser les mandats payés sur le Budget départemental.

Adresser à la Recette pour le 28 :

P 112.   Liquidation des attributions sur taxes vicinales 1923.

P 251.   État des restes à recouvrer sur contributions, taxes assimilées et poursuites (1923), en minute et expédition. (Circ. du 15 octobre 1922.)

P 262.   Projet d'itinéraire pour la 1re tournée des mutations (en double).

P 414.   État des cotes irrécouvrables sur taxes municipales, en minute seulement.

P 413. État des cotes indûment imposées sur taxes municipales, en minute seulement.

Les états P 413 et P 414 sont à produire en double expédition pour les autres produits communaux. — (Circulaire du 20 février 1911.)

HS 59A. État sommaire des taxes vicinales en nature.

Adresser à la Préfecture :

HS 58A. Extraits des rôles de la taxe vicinale (dans les 15 jours qui suivront l'expiration du délai d'option).

HS 59A. État sommaire des taxes vicinales en nature.

Nota. — Les minutes des états de cotes irrécouvrables et indûment imposées doivent être conservées dans les archives du comptable pour être annotées; elles sont cependant adressées en communication à la Recette des finances, qui doit les retourner le plus tôt possible.

Faire recette, le 1er et le 16 au compte des communes et établissements des rentes 5 % nominatives.

Adresser aux Maires (*session de Février*) :

HS 50B. Les mandats pour paiement de la moitié des contributions ainsi que ceux pour solde des contributions à payer dans d'autres perceptions.

HS 42A. Délibérations approuvant les excédents de dépense de l'année écoulée.

P 413 et 414. Pour éviter les reports en fin d'exercice.

P 314. *Verser* le solde des amendes de 1924 (au versement supplémentaire.

A partir du 20, ne plus payer de mandats de dépenses départementales dans les arrondissements de sous-préfecture, l'exercice étant clos le 28 février.

P 660 et 661. *Envoyer* les contraintes extérieures pour les personnelles mobilières, patentes, dues par des contribuables qui ont quitté la perception.

Le 28, déduire du montant des rôles des contributions directes les sommes à recouvrer sur taxes vicinales et les inscrire sur les livres de détail des communes aux *Restes à recouvrer,* après les avoir soustraites du montant des taxes vicinales.

ÉCHÉANCES

Le 1er. — R. O. P. — Crédit national 6 % janvier 1923.

Le 5. — Crédit national 1922.

Le 16. — 3 1/2 % amortissable et 5 % 1915-1916.

MARS

(Voir : Pièces mensuelles, page 5.)

Adresser à la Recette :

P 242 et 243. État des cotes indûment imposées sur contributions et taxes assimilées, en simple expédition.

P 262. Projet d'itinéraire de la 2e tournée des mutations, en double, après la réception du 2e envoi des extraits.

P 582. État des retenues en vertu d'oppositions 1924.

P 595. État des retenues pour pensions civiles 1924.

HS 48. Accusé de réception des traites de coupes ordinaires de bois (aussitôt après réception des traites).

P 574. Relevé des excédents sur taxes vicinales de l'année 1923 non remboursés au 28 février et dont il y a lieu de faire Recette au compte des excédents communaux.

A partir du 15 mars, aucune dépense communale ne doit plus être ordonnancée sur l'exercice expirant le 31.

Le 16, faire recette, au compte des communes et établissements des rentes 4 % nominatives.

Impôt général sur le revenu et Impôts cédulaires. — Établir dans les six mois de la publication des rôles, sur formules fournies par le service de l'assiette, les états de dégrèvement d'office par faux, double emploi, etc.

Adresser aux Maires :

P 424. Inventaire des documents à déposer aux archives de la Mairie (année 1918).

Les mandats de la taxe de 5 %.

Faire recette de la moitié des contributions dues par les communes et établissements.

P 314. *Verser* les extraits d'amendes recouvrées pendant le 1er trimestre. — Le relevé P 314 doit être *adressé* à la Recette, pour vérification, 5 jours avant le versement.

P 671. *Avis* à adresser aux débiteurs de grosses cotes. (Circulaire du 17 juillet 1897.)

P 109. et 110. *Faire recette,* à titre de contributions extérieures, des contributions dues par les communes de la perception à des perceptions voisines.

31 mars :

Adresser l'état de classement de la Perception. (Circulaires des 27 novembre 1919 et 19 août 1921.

P 244. État des cotes irrécouvrables contributions 1923

P 245. États supplémentaires de cotes irrécouvrables contributions 1922. (Circulaire du 15 octobre 1922.)

Intérêts des fonds placés au Trésor.

Au reçu du décompte :

Faire recette aux P 1, P 2, P 3, P 51 et P 52.

Adresser la quittance à la Recette des finances.

Faire dépense au P 3, col. 15, et en inscrire le détail au cadre 16 du même livre P 3.

Le décompte est conservé par le Comptable pour lui servir de pièce de recette à ses comptes de gestion.

ÉCHÉANCES

Le 16. — 4 % 1917.

Le 25. — Bons du Trésor à 3 ou 5 ans, 6 % novembre 1922.

AVRIL

(Voir : *Pièces mensuelles*, page 5.)

Adresser à la Recette, du 1ᵉʳ au 5 :

P 117. Certificats négatifs ou :
Les 9 pièces trimestrielles de janvier (P 307, 408, 420, 422, 423, 471, 607, 625 et 683.)

G 41. État remises bons D. N.

G 41ᴅ. État des remises sur obligations décennales. (Circulaire du 20 décembre 1923.)

> *Nota*. — Dans la plupart des perceptions les pièces trimestrielles à produire se résument aux 7 pièces suivantes :
> P 307, 420, 471, 607, 625, 653 et 683.

IIS 65. Les comptes des chemins vicinaux.
Les états de changements ou rectifications à opérer aux rôles (fournis par la Recette) 30 jours avant la tournée de mutations. (Circulaire du 20 février 1911.)

P 241. État des erreurs matérielles reconnues dans les rôles, art. 55 de l'Instruction générale.

P 263. État du compte d'emploi des extraits d'actes de propriété.

Du 10 au 15 Avril :

P 401. Les bordereaux détaillés de l'exercice clos et ceux de l'exercice courant, qui devront être annotés des restes à recouvrer et des restes à payer.

P 403. États des restes à recouvrer sur produits communaux.

P 501. Les minutes des comptes de gestion.

HS 6ᴀ. L'état des patentes délivrées par anticipation (un état par perception).

P 461. État des licences par anticipation.

A partir du 20 :]

Les quittances de rentes sur *Exercice clos*, doivent être adressées au visa de la Recette des finances, avec les titres, avant d'être payées par le percepteur.

Dans les arrondissements de sous-préfecture, *ne plus payer les mandats de dépenses publiques*, l'exercice étant clos *le 30 avril*, sauf jusqu'au 20 juin, mais alors au titre « payements à régulariser ». (Circulaire du 16 juin 1914.)

Payer la taxe de 5 % à l'Enregistrement, avant le 20.

Faire recette, au compte des communes, du 2ᵉ trimestre des rentes 3 % nominatives, le 1ᵉʳ; 4 % 1918 et amortissables, le 16.

P 216. A remettre au contrôleur, lors de la tournée générale, le relevé des articles de cotes irrécouvrables recouvrées.

P 513 et suivants. *Lors des tournées*, faire signer par les Maires toutes les pièces justificatives destinées aux comptes de gestion, pièces générales, pièces de recettes, etc.

Les états P 532 à 541, P 571, P 575, P 583, ne sont à produire que pour les gestions justiciables de la Cour des Comptes. Pour le Conseil de Préfecture les remplacer par le P 530.

P 641
P 307.
P 324. Dès réception des relevés trimestriels P 307, établir un état de commandement pour les condamnés désignés pour l'incarcération, puis, cinq jours après, adresser à la Recette des finances les réquisitions d'incarcération, en simple expédition, accompagnées des extraits de jugements et du relevé trimestriel.

Nota. — Cette dernière recommandation est applicable en juillet, octobre et janvier.

Adresser aux Maires, du 5 au 10 :

P 401. Bordereaux détaillés.

ÉCHÉANCES

Le 1er. — 3 %, Crédit National janvier 1924.
Le 15. — Crédit National juin 1923.
Le 16. — 3 % amortissable et 4 % 1918.

MAI

(Voir : *Pièces mensuelles*, page 5.)

Adresser aux Maires (*session de Mai*) :

P 501. Minute des comptes de gestion, visée par la Recette.
P 403. État des restes à recouvrer.
P 404. État des restes à payer.
HS 41. Délibérations approuvant les comptes.
HS 63. État présentant les excédents de dépense et votant les cré-
dits.

La liste des crédits nouveaux et des reports à inscrire aux budgets additionnels.

Les mandats? pour paiement des semestres d'annuité d'emprunt Crédit Foncier, Caisse des Dépôts, etc.

Faire recette, au compte des communes et établissements,
e 1ᵉʳ et le 16, des rentes 5 % nominatives.

Amendes.

P 317. I. — Dès réception de l'état P 317 homologué par la Préfecture :

1º Déduire du P 2 et du P 41 les sommes admises en N. V.
et celles à reporter à l'exercice suivant.

2º Inscrire les N. V. dans la colonne 26 du P 41. (Circulaire du
24 août 1907.)

3º Inscrire les reports au P 41 de l'exercice suivant et au
compte sur Amendes du P 2.

Service général.

P 246. 15 jours avant la tournée générale des mutations, adresser
au Contrôleur tous les dossiers de mutations et l'état
P 246 à la Recette des finances ou la Trésorerie générale.

P 318.) *Établir* les certificats d'indigence et les bulletins de rensei-
et   (gnements à joindre, en juillet, au relevé des surséances
P 319.) P 306.

P 671 (*Du 25 au 30*, envoi aux contribuables forains des avis P 671
et 672.) ou des sommations P 672, avec l'étiquette HS 12.

Baux et adjudications.

Lors du renouvellement de ces actes :

— Exiger sur les cahiers des charges la mention de l'obligation de fournir des cautions ou personnes solidaires.

II. — Avoir soin de faire fixer l'échéance des produits à des époques favorables. Éviter surtout les échéances en mars, juin, septembre et décembre (mois terminant le trimestre).

Poursuites communales.

Produits non assimilés aux contributions. — Il est rappelé aux comptables qu'après la saisie-exécution (2e degré) le Receveur municipal doit informer le Maire qu'il a fait procéder à la saisie-exécution et que la vente est fixée au. . . . . et qu'à moins d'ordre contraire de sa part, il passera outre à la vente.

Revision des traitements.

Adresser à la Recette, en triple expédition, avec les anciens décomptes, les décomptes P 431 et les états des recettes P 433, P 434 ou P 435. — Les dossiers visés doivent parvenir *avant le* 1er *août* à la Préfecture. (Circulaires des 28 mai, 6 décembre 1909 et 23 mai 1924.)

ÉCHÉANCES

Le 1er. — R. O. P.; 5 % 1920 et Crédit National 1921.
Le 16. — 3 1/2 % amortissable et 5 % 1915-1916.
Le 20. — Bons 3-6-10 ans octobre 1923.

JUIN

(Voir : Pièces mensuelles, page 5.)

Adresser à la Recette :

P 313. **Le 20.** — Relevé des débiteurs de condamnations pour délits de chasse.

P 421. État semestriel des paiements faits du 1er décembre 1924 au 30 juin 1925 sur adjudications et marchés. — *Chemins vicinaux seulement.* (Circulaire du 20 décembre 1923.)

Service général.

P 501. Comptes de gestion (les expéditions), dans les 10 jours qui suivent la session des Conseils municipaux avec toutes les pièces à l'appui. (Une fiche indiquant les pièces manquantes y sera annexée). (Circulaire du 7 août 1923.)

HS 48. Accusé de réception des traites de coupes ordinaires de bois (aussitôt après réception des traites).

Pensions. — Joindre les procurations utilisées pour les trimestres écoulés au premier payement qui suit le 31 mai. (Circulaire du 9 novembre 1920, § 5.)

P 314 *Verser* les extraits d'amendes recouvrées pendant le 2e trimestre. (Voir l'annotation en mars.)

Faire recette de la totalité des contributions dues par les communes et établissements, lorsque le montant est inférieur à 30 francs.

Verser à la Recette des finances les semestres d'annuité d'emprunt (avant le 10).

Remettre aux directeurs d'usines la liste des ouvriers redevables de contributions (P 679).

Faire précéder l'envoi du P 679 de la sommation itérative P 680.

Ces directeurs sont responsables, en qualité de tiers détenteurs, des contributions dues par les ouvriers qu'ils emploient. (Jugement du tribunal civil de la Seine du 31 juillet 1877. — Loi du 12 novembre 1808. — Art. 1166 du Code civil. — Art. 14 du règlement des poursuites du 21 décembre 1839.)

La totalité des impôts ne peut être retenue en une seule fois que sur les salaires supérieurs à 6.000 francs annuellement. Au-dessous de 6.000 francs les salaires ne sont saisissables que pour 1/10e. (Circulaire du 15 juillet 1922.)

Adresser aux Maires :

Les mandats de la taxe de 5 %.

Faire recette, le 16 au compte des communes et établissements des rentes 4 % et 6 % nominatives.

ÉCHÉANCES

Le   8. — Bons du Trésor 3, 6, 10 ans, mars 1923
Le 15. — Crédit National 1920.
Le 16. — 4 % 1917 et 6 % 1920.

JUILLET

(Voir : *Pièces mensuelles*, page 5.)

Adresser à la Recette, du 1er au 5 :

P 117. Certificats négatifs ouÏ:

Les 10 pièces trimestrielles de janvier (P 307, 408, 420, 422, 423, 471, 607, 625, 653 et 683).

G 41A. État remises obligations D. N.

G 41. État remises des bons D. N.

G 41D. État des remises sur obligations décennales. (Circulaire du 20 décembre 1923.)

Les 2 pièces semestrielles (P 281 à la Préfecture), P 281 et 306.

P 306. *Nota.* — Le relevé semestriel P 306 comprendra :

	En janvier 1925 :	En juillet 1925 :
Les frais de justice de 1895	⎞ 2e semestre	de 1896 ⎞ 1er semestre
Les condamnations criminelles de 1905	⎟	de 1906 ⎟
Les amendes correctionnelles de 1920	⎟	de 1921 ⎟
Les inscriptions hypothécaires de 1915	⎠	de 1916 ⎠

Service général.

Faire recette, au compte des communes, du 3e trimestre des rentes 3 % nominatives, le 1er; 4 % 1918 et, amortissables, le 16.

Payer la taxe de 5 % à l'Enregistrement (avant le 20).

P 660 et 661. Contraintes extérieures (pour les contribuables habitant en dehors de l'arrondissement).

P 672. Sommations sans frais (à tous les contribuables qui n'ont encore versé aucun acompte).

Les réclamations en dégrèvement enregistrées après le 30 juin, n'étant plus suspensives, les réclamants peuvent être poursuivis pour le paiement de la totalité de la cote. (Circulaire du 19 mars 1903, § 1er.)

Payer à l'Enregistrement, avant le 20, la taxe de 10 %.

P 641.
P 307.
P 324. Dès réception des relevés trimestriels P 307, établir un état de commandement pour les condamnés désignés pour l'incarcération, puis, 5 jours après, adresser à la Recette des finances, les réquisitions d'incarcération, en simple expédition, accompagnées des extraits de jugements et du relevé trimestriel.

Comptes de gestion.

Il est rappelé aux comptables que leurs comptes de gestion doivent parvenir avant le 1er septembre à la juridiction chargée de les juger.

Faire parvenir sans retard et directement le bordereau de la commande annuelle à M. Martinet, 7, rue Saint-Benoît, à Paris.

TARIF DE l'A. C. T.

DROIT D'ENTRÉE			COTISATION ANNUELLE		
Percepteurs	2	»	Percepteurs 4e et 3e cl.	2	»
Percepteurs H. C. et			— 2e cl.	4	»
Receveurs des fi-			— 1re cl.	6	»
nances	5	»	H. C. et R. des finances	8	»
Trésoriers Payeurs Gé-			Trésoriers Payeurs Gé-		
néraux	10	»	néraux	10	»

ÉCHÉANCES

Le 1er. — 3 %, Crédit National 5 % 1919 et 6 % juillet 1922.
Le 16. — 3 % amortissable et 4 % 1918.

AOUT

(Voir : *Pièces mensuelles*, page 5.

Adresser à la Recette :

P 601. ⎫
P 603. ⎬ États de poursuites.
P 605. ⎭

Du 10 au 15 Août :

HS 6ᴀ. État des patentes délivrées par anticipation (un état par perception).

P 461. État des licences par anticipation.

Adresser aux Maires (*session d'Août*) :

HS⁺ 53. État présentant les excédents de dépense.

Service général.

Faire recette, le 1ᵉʳ, au compte des communes et etablissements; des rentes 5 % nominatives

Dresser les mandats de paiement du solde des contributions des communes.

Faire les poursuites.

HS 11. Les quittances de permis de chasse doivent porter, outre le nom de la commune et celui *de la Perception*, la mention : « La présente quittance ne peut tenir lieu de permis ». (Instruction générale, art. 592 et 600.) Etiquette HS 11.

ÉCHÉANCES

Le 1ᵉʳ. — R. O. P.; Crédit National 6 % janvier 1923.

Le 5. — Crédit National 1922.

Le 16. — 3 1/2 % amortissable et 5 % 1915-1916.

SEPTEMBRE

(Voir : *Pièces mensuelles*, page 5.)

Adresser à la Recette :

HS 48. Accusé de réception des traites de coupes ordinaires de bois (aussitôt après réception des traites)

Adresser aux Maires :

1° Les mandats de la taxe de 5 % ;

2° Les mandats de subvention des communes à la Caisse des Écoles, de commune à commune, des bureaux de bienfaisance aux communes, etc. Examiner les budgets à ce sujet.

Service général.

Faire recette, le 16, au compte des communes et établissements des rentes 4 % nominatives.

Paiement du solde des contributions des communes.

P 314. *Verser* les extraits d'amendes recouvrées pendant le 3e trimestre. — Le relevé P 314 doit être adressé à la Recette, pour vérification, 5 jours avant le versement.

Mettre à jour et annoter, le cas échéant, l'Instruction du 4 juin 1908 (imprimés).

P 405. *Au reçu des arrêtés* du Conseil de préfecture ou de la Cour des Comptes sur les comptes de gestion, *adresser* l'accusé de réception P 405 à la Recette des finances, et exécuter les injonctions dans le délai de 2 mois.

P 406. *Retourner* à la Recette les pièces régularisées, avec un bordereau P 406 en double.

Amendes.

P 205. *Commission extérieure.* — En cas de non-recouvrement, prendre charge de l'article au P 41, colonnes 2 à 7 ; indiquer le nom de la perception, colonne 24, et le montant de l'amende, colonne 26. (Circulaire du 24 août 1872.)

Renvoyer l'état P 205 avec un certificat P 318, après avoir certifié sur l'état l'indication de la prise en charge au P 41.

P 318. Si le certificat P 318 accuse des biens, requérir immédiatement inscription hypothécaire, quelle que soit la somme due. (Circulaire du 26 janvier 1904, § VII.)

Si l'inscription est requise en dehors de l'arrondissement, renvoyer l'état P 205 avec l'extrait de jugement et une demande spéciale.

ÉCHÉANCES

Le 16. — 4 % 1917.

Le 25. — 6 % bons à 3 et 5 ans novembre 1922.

OCTOBRE

Voir : *Pièces mensuelles*, page 5.)

A compter du 1er octobre, les paiements faits aux ascendants (pensions définitives et allocations d'attentes), doivent être accompagnés d'un certificat de non-imposition sur le revenu ou revêtus d'un cachet indiquant cette mention.

Pour les titulaires n'ayant pas 55 ans, il y a lieu d'y joindre un certificat constatant que l'infirmité est toujours existante.

Adresser à la Recette, du 1er au 5 :

P 117. Certificats négatifs ou :

Les 10 pièces trimestrielles (P 307, 408, 420, 422, 423, 471, 607, 625, 653 et 683).

G 261. Relevé trimestriel des Bons D. N. émis.

G 41. État remises des bons D. N.

G 41D. État des remises sur obligations décennales. (Circulaire du 20 décembre 1923.)

État des changements ou rectifications à opérer aux rôles (fournis par la Recette des finances); s'il n'a été recueilli aucune note, un seul certificat, P 117, suffit pour toute la perception. (Circulaire du 20 février 1911.)

P 283. Rapport de fin de saison (jeux).

Nota. — Dans la plupart des perceptions les pièces trimestrielles à produire se résument aux 6 pièces suivantes :

P 307, 420, 471, 607, 625 et 683.

Service général.

P 641.
P 308. Dès réception des relevés trimestriels P 307, établir un état de commandement pour les condamnés désignés pour l'incarcération, puis, 5 jours après, adresser à la Recette des finances les réquisitions d'incarcération, en simple expédition, accompagnées des extraits de jugement et du relevé trimestriel.

Adresser à la Trésorerie genérale :

Les quittances non timbrées des 9/10 des coupes extraordinaires de bois, au nom du Trésorier général.

Les quittances timbrées des 9/10 des coupes ordinaires de bois, au nom des adjudicataires.

Payer à l'Enregistrement la taxe de 5 %, avant le 20.

Faire recette, au compte des communes, du 4e trimestre des rentes 3 % nominatives, le 1er; 4 % 1918 et, amortissables, le 16.

Établir, par commune, l'état des restes à recouvrer sur contributions et tous produits, afin d'activer les recouvrements et éviter les restes en fin d'année

ÉCHÉANCES

Le 1er. — 3 %, Crédit National janvier 1924.

Le 15. — Crédit National juin 1923.

Le 16. — 3 % amortissable et 4 % 1918.

NOVEMBRE

(Voir : *Pièces mensuelles*, page 5.)

Adresser à la Recette :

P 421. État des paiements faits, du 1er juillet au 30 novembre, sur adjudications et marchés. — *Chemins vicinaux seulement.* (Circulaire du 20 décembre 1923.)

Rapport sur la circulation monétaire et fiduciaire (s'il est exigé).

Faire recette, le 1er et le 16 au compte des communes et établissements des rentes 5 % nominatives.

TG 2309. Établissement des feuilles signalétiques des commis titulaires (en triple expédition).

Adresser aux Maires (*session de Novembre*) :

HS 43. Délibération votant le 1/10e (1re année seulement)

HS 63. État présentant les excédents de dépense.

Service général.

HS 62 et 62 *bis*. *Réclamer* aux Maires les états T de produits divers de fin d'année ; s'ils ne sont pas rendus exécutoires par le visa préfectoral ils ne sont pas sujets au T. — Sol. Enregistrement, 21 août 1909.

P 318 et P 319. *Établir* les certificats d'indigence et les bulletins de renseignements à joindre en janvier au relevé des surséances, P 306.

P 501. *Préparer* les comptes de gestion de 1924.

P 51. *Monter* les livres de détail, au fur et à mesure de la réception des budgets communaux.

ÉCHÉANCES

Le 1er. — R. O. P., 5 % amortissable 1920 et Crédit National 6 % 1921.

Le 16. — 3 1/2 % amortissable et 5 % 1915-1916

Le 20. — Bons 3-6-10 ans, octobre 1923.

DÉCEMBRE

. (Voir : *Pièces mensuelles*, page 5.)

Adresser à la Recette des Finances du 1er au 15 :

P 103. Tableau des jours de tournée en double.

Nota. — Fixer les jours de tournée, d'accord avec les Maires, non d'après le quantième du mois, mais à *jour fixe;* tel, le 1er mardi du mois, etc.

P 114. Inventaire des rôles, en double (année 1919). Circulaire du 18 janvier 1914.

P 517. Compte d'emploi des tickets, en double.

HS 48. Accusé de réception des traites de coupes ordinaires de bois (aussitôt après réception des traites).

HS 59. État sommaire des prestations en nature.
Décompte des remises des deniers pupillaires et situation des recouvrements et états de restes (fournis par la Recette). (Circulaire du 15 juin 1909.)

Du 10 au 15 :

HS 6A. État des patentes délivrées par anticipation (un état par perception), ou P 117.
État des licences par anticipation ou P 117.

Adresser aux Maires :

P 401
et
HS 47
à 50.
Les mandats de la taxe de 10 % et des semestres d'annuité d'emprunt au Crédit Foncier et à la Caisse des Dépôts, ainsi que ceux pour le timbre du livre des comptes divers et les bordereaux détaillés.

Adresser à la Préfecture :

HS 58. Extraits des rôles des prestations en nature.

HS 59. État sommaire des prestations en nature.

Service général.

Faire recette, le 16, au compte des communes et établissements, des rentes 4 % et 6 % nominatives.

P 52. *Mettre à jour* le carnet P 52, en rayant à l'encre rouge les titres expirés.

P 314. *Verser* les extraits d'amendes recouvrées pendant le 4e trimestre. (Voir annotations en septembre) (dernier versement.)

Au 31 décembre :

P 2. *Arrêter* le livre des comptes divers et le livre récapitulatif.

P 2. *Timbrer* le nouveau livre des comptes divers (8 fr. par feuille ou 4 pages).
Préparer la balance d'entrée.

P 543. État nominatif des ayants droits à des excédents sur produits communaux non remboursés (2e année) et versés dans les caisses communales (en minute et expédition). (Instruction générale, art. 888, 1105 et 1488.)

ÉCHÉANCES

Le 8. — 6 % Bons à 3, 6 et 10 ans, mars 1923.
Le 15. — Crédit National 1920.
Le 16. — 4 % 1917 et 6 % 1920.

ASSOCIATION FRANÇAISE DE CAUTIONNEMENT MUTUEL

19, Avenue de l'Opéra, Paris

CONSTITUTION DE CAUTIONNEMENT

NOMENCLATURE DES PIÈCES A ANNEXER
AU BULLETIN D'ADHÉSION

a) *Nouveaux adhérents dont le montant du cautionnement est déjà déposé dans les caisses du Trésor ou autres caisses publiques :*

Copie du certificat d'inscription.

b) *Adhérents nouvellement promus .*

Percepteurs : Duplicata de l'avis de nomination.

c) *Adhérents astreints à un supplément de cautionnement :*

Même pièce que ci-dessus ; Extrait de l'inscription primitive, à moins d'élévation de classe sur place.

Sommes à payer lors de l'adhésion :

1º Fonds de réserve (1 pour cent) du montant du cautionnement ;

2º Cotisation (1 pour mille et par an) du montant du cautionnement. La cotisation doit être payée du 1er du mois de la date d'adhésion jusqu'au 31 décembre 1926 ;

3º Timbre de quittance :
10 fr. 01 à 100 fr. : 0 fr. 25 ;
100 fr. 01 à 1.000 fr. : 0 fr. 50 ;
Au-dessus de 1.000 fr. : 1 franc.

4º Timbre pour le retour de la quittance : 0 fr. 25.

Extrait d'inscription :

L'extrait d'inscription sur les registres du Grand Livre du Cautionnement mutuel au Ministère des Finances est adressé à chaque intéressé par la voie hiérarchique.

L'A. F. C. M. est dans l'obligation de retourner à l'intéressé tout dossier d'admission non constitué dans les conditions ci-dessus.

GARANTIE COMPLÉMENTAIRE

Les adhérents susceptibles d'être obligés de faire gérer leur service pendant une absence régulière peuvent se garantir des risques qui en résultent, en souscrivant une adhésion complémentaire d'un chiffre égal à celui de leur adhésion principale.

Ils paient une cotisation supplémentaire et annuelle de 0 fr. 50 pour 1.000, moyennant laquelle l'Association garantit, dans les conditions habituelles, mais sans recours contre l'adhérent, les opérations effectuées par le remplaçant, sous quelque nom que ce dernier soit désigné.

Jusqu'ici le père de famille était empêché de prendre le repos dont il avait besoin, car la crainte de la responsabilité pécuniaire l'obsédait; s'il s'absentait, il ne possédait pas la tranquillité morale et intellectuelle lui permettant de profiter d'un repos réel.

Le comptable, absent régulièrement de son poste, peut se garantir de ce risque spécial du remplacement.

Tout adhérent de l'Association Française de Cautionnement mutuel peut souscrire l'adhésion complémentaire qui lui permettra de profiter de la garantie spéciale offerte par l'Association.

Le Siège social adresse, par retour du courrier, le bulletin d'adhésion spécial — prière de joindre un timbre-poste de 0 fr. 25 à toute demande.

Le Ministère des Finances n'intervenant pas en cette opération, c'est l'accusé de réception de l'Association qui constitue titre pour ladite garantie.

Il ne faut pas perdre de vue que l'adhésion à la garantie complémentaire entraîne, immédiatement, le paiement de la cotisation entière de l'année courante, quelle que soit la date de l'adhésion.

Le comptable ayant 30.000 francs de cautionnement et désirant être assuré pendant son absence régulière, devra joindre à son bulletin d'adhésion la somme de 15 fr. 50, soit : Cotisation 1924 sur 30.000 francs (0,50 $^0/_{00}$)... 15   »

Timbre quittance. 0 25

Timbre poste. 0 25

                      Total. . . . . Fr. 15 50

REMISE ET PRISE DE SERVICE

Remise de service.

Remettre à l'ancien Receveur des finances les états P 115, 425, HS 20*b* en triple, les registres, documents et titres de recettes, ainsi que les bordereaux P 401, arrêtés au jour de la remise de service.

Verser tous les excédents de recette.

Recevoir la 2e partie du procès-verbal de remise de service et le certificat constatant que le cautionnement peut être affecté à la **nouvelle gestion.**

Prise de service.

Remettre au nouveau Receveur : Procès-verbal de remise de service, 2e partie; l'acte de prestation de serment visé préalablement par le Sous-Préfet; certificat d'inscription de cautionnement et en cas de supplément quittance de l'A.F.C.M. — Se munir de tous les renseignements propres à remplir les feuilles d'installation, notamment du relevé des services antérieurs et des émoluments touchés dans chacun de ces services.

Application du Cautionnement d'une Gestion terminée à une autre Gestion

Transmettre à la Dette inscrite, par l'intermédiaire de la Trésorerie générale, une demande timbrée à 2 francs, appuyée des pièces ci-après :

Certificat de quitus du Préfet;

Certificat de quitus du Receveur des finances (TG 2254);

Certificat de quitus des Maires et des commissions administratives, HS 44. — Mais seulement après notification des arrêtés ou arrêts statuant définitivement.

Comptes de Gestion coupée.

1e Comptable en fonctions au 31 décembre 1924 et remplacé avant le 31 mars 1925 :

Produire avec le compte de l'exercice 1924 : P 503 : les états P 511, 512, 516, 517, 518, 523, 526, HS 41 et HS 44*a*; avec le compte de l'exercice 1924 : P 504 : les états P 511, 512, 516, 517, 518, 521, 522, 523 ou 524, HS 41, HS 44*a*, et la copie du procès-verbal de remise de service, 1re partie, TG 2234

2o Comptable remplacé au 31 mars 1925 ou à une date postérieure jusqu'au 31 décembre 1925 :

Produire avec le compte P 504 : les états P 403, 404, 511, 512, 516, 517, 518, 521, 522, 523 ou 524, HS 41, HS 44*a*, et la copie du procès-verbal de remise de service, 1re partie, TG 2234.

TARIF DE FRAIS DE POURSUITES

(Loi du 29 avril 1921, art. 21 — Circulaire du 27 mai 1921.)
(Exemption de timbre et d'enregistrement : Loi du 18 juillet 1911.

TRANCHES DE DÉBETS.	SOMMATIONS AVEC FRAIS ou à tiers détenteur	COMMANDEMENTS	SAISIES (1)	RECOLEMENT sur SAISIE ANTÉRIEURE	ACTES RELATIFS A LA VENTE			
					Signification de vente	Affiches	Récolement avant la vente	Procès-verbal de vente.
	fr.	fr.	fr.	fr.	fr.	fr.	fr.	fr.
De 0f01 à 10f	0 15	1 50	3 00	1 50	1 50	1 50	1 50	1 50
De 10 01 à 25	0 30	3 00	6 00	3 00	3 00	3 00	3 00	3 00
De 25 01 à 50	0 45	4 50	9 00	4 50	4 50	4 50	4 50	4 50
De 50 01 à 100	0 60	6 00	12 00	6 00	6 00	6 00	6 00	6 00
De 100 01 à 200	0 75	7 50	15 00	7 50	7 50	7 50	7 50	7 50
De 200 01 à 500	1 13	11 25	22 50	11 25	11 25	11 25	11 25	11 25
De 500 01 à 1.000	1 50	15 00	30 00	15 00	15 00	15 00	15 00	15 00
De 1.000 01 à 2.000	3 00	30 00	60 00	30 00	30 00	30 00	30 00	30 00
De 2.000 01 à 5.000	4 50	45 00	90 00	45 00	45 00	45 00	45 00	45 00
De 5.000 01 à 10.000	6 00	60 00	120 00	60 00	60 00	60 00	60 00	60 00
De 10.000 01 à 15.000	7 50	75 00	150 00	75 00	75 00	75 00	75 00	75 00
Et ainsi de suite en ajoutant par chaque tranche de 5.000 francs supplémentaire	1 50	15 00	30 00	15 00	15 00	15 00	15 00	15 00

(1) Les frais sont les mêmes, quelle que soit la nature de la saisie (saisie-arrêt, saisie-brandon, saisie-exécution, saisie-interrompue).

Commandement « Amendes », coût **7 fr.** (Lettre commune du 20 avril 1924).

Affranchissement à 0 fr. 01 ; droit de recommandation 0 fr. 40. Total : 0 fr. 41.

Enregistrement (s'il y a lieu) : **2 fr. 40.**

TARIF DES TIMBRES-QUITTANCE

De 10f01 à 100f	0f 25
De 100f01 à 1000f	0f 50
Au dessus de 1000f01	1f

COMPTABLES PUBLICS

ASSUREZ-VOUS

avec le Concours de la " SÉCURITÉ ADMINISTRATIVE "

19, Avenue de l'Opéra, Paris Ier

ASSUREZ-VOUS CONTRE LE VOL

des fonds et des valeurs dont vous avez la responsabilité en raison de vos fonctions publiques, pour une somme raisonnable qui ne dépassera pas vos possibilités et en cas de sinistre vous avez la garantie de l'Union *au point de vue matériel et la garantie morale de votre geste de prévoyance vis-à-vis de votre administration*.

Les tarifs de l'Union viennent de subir une nouvelle réduction et cette compagnie nous réserve pour l'avenir une participation de 50 % dans les bénéfices.

Demandez les tarifs afférents à vos fonctions soit à l'Union, 9, place Vendôme, soit au Siège social, 19, avenue de l'Opéra.

ASSUREZ-VOUS CONTRE LES ACCIDENTS

pour 20 francs par an, vous garantissez en cas de mort 20.000 francs à vos héritiers, en cas d'infirmités graves pour vous, assurez-vous à vous-même la même somme; en cas d'infirmités partielles, vous vous garantissez une indemnité en rapport avec la gravité de l'accident.

Autant de fois vous pourrez consacrer 20 francs par an à cette prévoyance, autant de fois l'Union vous garantira les mêmes avantages.

Avantages spéciaux réservés par la « *Sécurité administrative* » à tous les membres de l'Association française de Cautionnement mutuel.

ÊTES-VOUS CHASSEUR ?

Moyennant une prime de 14 francs par an, vous pouvez assurer votre responsabilité civile pour les accidents corporels causés par vous aux tiers jusqu'à concurrence d'une somme de 10.000 francs.

ÊTES-VOUS CYCLISTE ?

Moyennant une prime de 18 francs par an, vous pouvez assurer votre responsabilité civile pour tous les accidents causés par vous aux tiers jusqu'à concurrence d'une somme de 10.000 francs.

AVEZ-VOUS UNE DOMESTIQUE ?

Moyennant une prime de 20 francs par an, vous pouvez assurer votre responsabilité civile contre toutes les conséquences d'un accident lui survenant a votre

service, et lui garantissant également le paiement d'indemnités en cas de **mort,
d'infirmité, d'incapacité temporaire** et le remboursement des frais médicaux et
pharmaceutiques.

Moyennant une surprime de **2 fr. 50** par an, vous pouvez **vous** garantir contre
les accidents corporels qu'elle peut causer aux tiers dans son service et dont **vous**
êtes responsable.

*Pour toutes ces polices, se renseigner à l'Union, 9, place Vendôme, ou au siège
social de la S. A.*

NE CONTRACTEZ AUCUNE ASSURANCE

de quelque nature que ce soit, avant de vous être renseigné à

" LA SÉCURITÉ ADMINISTRATIVE "

Association des Comptables et Fonctionnaires cautionnés,

19, Avenue de l'Opéra, Paris Ier.

Coupures des Emprunts de l'État

3 0/0	3 0/0 amortissable	3 1/2 0/0 amortissable	4 0/0 1917 et 1918	5 0/0 1915 et 1916	5 0/0 amortissable	6 0/0 1920	
2	15	7	4	5	5	6	
3	20	14	5	6	10	7	
4	60	35	6	7	20	8	
5	150	70	7	8	25	9	
6	300	140	8	9	50	10	
7	600	350	9	10	100	11	
8	1500	700	10	20	200	12	
9	3000	1400	20	25	500	20	
10		1750	40	30	1000	30	
20			50	50	5000	50	
30			(1917) 80	100		60	
50			100	200		100	
100			200	300		300	
200			400	500		500	
300			500	1000		600	
500			1000	2500		1000	
1000			2000	5000		3000	
1500			4000			6000	
3000							

Tableau des échéances des Coupons payés par les Percepteurs.

	Prix de la Souscription	Janvier	Février	Mars	Avril	Mai	Juin	Juillet	Aout	Septembre	Octobre	Novembre	Décembre
Rente 3 0/0.................	»	1er	»	»	1er	»	»	1er	»	»	1er	»	»
— 3 0/0 amort............	»	16	»	»	16	»	»	16	»	»	16	»	»
— 3 1/2 amort............	»	»	16	»	»	16	»	»	16	»	»	16	»
— 4 0/0 1917.............	68 60	»	»	16	»	»	16	»	»	16	»	»	16
— 4 0/0 1918.............	70 80	16	»	»	16	»	»	16	»	»	16	»	»
— 5 0/0 1915.............	87 25	»	16	»	»	16	»	»	16	»	»	16	»
— 5 0/0 1916.............	87 25	»	16	»	»	16	»	»	16	»	»	16	»
5e Emprunt 5 0/0 1920 amort...	100 »	»	»	»	»	1er	»	»	»	»	»	1er	»
— 6 0/0 1920..........	100 »	»	»	»	»	»	16	»	»	»	»	»	16
Bons du Trésor à 3 et 5 ans 1922.	497 50	»	»	25	»	»	»	»	»	25	»	»	»
— 3, 6 et 10 ans 1923.	495 »	»	»	»	»	»	»	»	»	»	»	»	»
— — — octobre 1923.	492 50	»	»	»	»	20	8	»	»	»	»	20	8
Crédit National 1919...........	495 »	1er	»	»	»	»	»	1er	»	»	»	»	»
— 1920............	485 »	»	»	»	»	»	15	»	»	»	»	»	15
— 1921............	498 50	»	»	»	»	1er	»	»	»	»	»	1er	»
— 1922............	482 »	»	5	»	»	»	»	»	5	»	»	»	»
Juillet 1922............	498 50	1er	»	»	»	»	»	1er	»	»	»	»	»
Janvier 1923............	498 50	»	1er	»	»	»	»	»	1er	»	»	»	»
Juin 1923............	490 »	»	»	»	15	»	»	»	»	»	15	»	»
Janvier 1924............	480 »	»	»	»	1	»	»	»	»	»	1	»	»